tionnalité

Cet ouvrage est une version revue, actualisée et augmentée de l'article des autrices intitulé « Cartographie du surplomb. Ce que les résistances au concept d'intersectionnalité nous disent sur les sciences sociales en France », paru en février 2019 dans le dossier « Intersectionnalité » de la revue *Mouvements* (https://mouvements.info/category/intersectionnalite/). La maison d'édition et les autrices remercient chaleureusement l'équipe de la revue ainsi que Silyane Larcher et Abdellali Hajjat, coordinatrice·teur du dossier, d'avoir rendu cette publication possible.

www.anamosa.fr

Pour l'intersectionnalité

Éléonore Lépinard &
Sarah Mazouz

anamosa

La force critique d'un concept se mesure à la panique qu'il suscite

En quelques mois, l'intersectionnalité est devenue l'objet d'un intense intérêt dans le débat public français. Portant sur un concept relativement méconnu il y a à peine deux ans, la première version de ce texte prenait alors place dans une discussion scientifique avec d'autres chercheuses et chercheurs en sciences sociales. Il s'agissait d'analyser les enjeux de la réception de cette notion et des critiques largement infondées dont elle faisait l'objet dans le monde académique français.

Aujourd'hui, l'intersectionnalité continue de faire débat au sein du milieu académique. La nouveauté réside toutefois en ce que cette notion est devenue la cible d'un discours politique et médiatique qui la fustige, tout en témoignant, à l'instar de ses détracteurs dans le domaine scientifique, d'une ignorance complète de ce que les travaux intersectionnels et la démarche qui les fonde recouvrent.

Du ministre de l'Éducation nationale, de la Jeunesse et des Sports Jean-Michel Blanquer, profitant de l'effroyable assassinat de Samuel Paty, le 16 octobre 2020, pour s'attaquer à « une matrice intellectuelle venue des universités américaines et des thèses intersectionnelles[1] » à l'Observatoire du décolonialisme récemment créé pour se dresser contre

1 Interview accordée par Jean-Michel Blanquer au *Journal du dimanche*, 25 octobre 2020.

« l'embrigadement » décolonial et intersectionnel de l'enseignement et de la recherche[2], en passant par des journalistes assimilant l'intersectionnalité à une peste[3], un discours essentialisant, multiculturaliste, identitaire et porteur de haine contre les personnes blanches[4], la confusion la plus complète règne.

Cela n'a rien d'étonnant : avant l'intersectionnalité, les études de genre ont aussi été décriées pour leur dimension prétendument idéologique, notamment par certain·es des signataires de l'Appel de l'Observatoire du décolonialisme, et continuent de subir les attaques des forces conservatrices dans de nombreux pays en Europe (Hongrie, Pologne, Roumanie) et ailleurs (notamment au Brésil ou en Colombie).

On peut toutefois se réjouir de la présence soudaine dans le débat public de l'intersectionnalité : cette notion et le projet politique qu'elle défend font ainsi irruption dans notre vocabulaire politique et la cacophonie ambiante nous offre même l'occasion de faire connaître plus précisément encore ce champ de recherche, la diversité des disciplines qui le composent et la force de sa portée critique. Certes, les contresens grossiers, les interprétations mal intentionnées et l'ignorance patente dont ces travaux

2 http://decolonialisme.fr/?page_id=1000

3 https://twitter.com/Enthoven_R/status/1361663659651592200, 16 février 2021.

4 CNews, 14 février 2021.

font l'objet actuellement relèvent d'une lame de fond réactionnaire et autoritaire qui tente d'engloutir, avec l'intersectionnalité, les travaux critiques de la race, les recherches postcoloniales, la démarche décoloniale, les études de genre et, au-delà, toute théorie sociale critique ainsi que le principe même de liberté académique, en France mais aussi aux États-Unis ou au Royaume-Uni[5].

Mais c'est également à l'ampleur des résistances qu'elle suscite qu'on mesure la force d'une idée. En d'autres temps, la critique marxiste de l'exploitation capitaliste ou la découverte freudienne de l'inconscient par exemple ont connu des attaques et des anathèmes similaires, qui révèlent en fait surtout la puissance avec laquelle, selon des modalités différentes, le marxisme et la psychanalyse appelaient à transformer radicalement notre lecture des rapports sociaux pour l'une et notre connaissance de l'individu pour l'autre.

Traduction scientifique de la réflexion menée dans les années 1980 sur le plan militant par

5 Des attaques similaires contre les études critiques de la race et les travaux intersectionnels ont été portées par l'ancien président états-unien Donald Jr. Trump (https://time.com/5891138/critical-race-theory-explained/) en septembre 2020, au Royaume Uni par des membres du gouvernement de Boris Johnson (https://www.theguardian.com/commentisfree/2020/oct/23/uk-critical-race-theory-trump-conservatives-structural-inequality) et en Australie, où le journal *The Australian* appartenant à Rupert Murdoch a relayé les propos de Trump (https://www.smh.com.au/culture/books/are-all-white-people-racist-why-critical-race-theory-has-us-rattled-20201105-p56bwv.html).

les féministes africaines-américaines et chicanas, qui pointaient le « biais blanc de classe moyenne » du féminisme et introduisaient ainsi la question de la représentation politique de celles pour lesquelles la domination subie se trouve au croisement de plusieurs rapports de pouvoir, en particulier, la race, la classe et la catégorie de sexualité[6], le concept d'intersectionnalité nous invite à complexifier l'analyse tant scientifique que politique.

Aujourd'hui adoptée par des mouvements sociaux d'une portée inédite comme #BLM et #MeToo ou, pour parler de la France, des mouvements comme le Comité Vérité et Justice pour Adama et #NousAussi, l'intersectionnalité n'a pas spécialement besoin d'être défendue. À la différence des détracteurs et détractrices de l'intersectionnalité, nous ne voyons pas notre monde s'écrouler et nos positions de pouvoir risquer de disparaître. Au contraire, nous sommes heureuses que celles et ceux dont les expériences et les intérêts ont longtemps été occultés socialement puissent aujourd'hui prendre la parole et la rue, et qu'il devienne bien moins aisé de les traiter par le simple mépris et l'arrogance.

Aussi, parce que l'intersectionnalité permet de construire les causes communes dont nous

6 Voir notamment Combahee River Collective, « Déclaration du Combahee River Collective », *Les Cahiers du CEDREF*, n° 14, 2006, p. 53-67.

voulons pour notre monde à venir, avons-nous décidé de transformer notre texte en petit livre pour redire la force de cette approche, clarifier ses ambitions et ses limites, rappeler son histoire et esquisser son avenir, afin de contribuer ainsi, à notre modeste échelle, à ce projet politique.

Une convergence qui ne doit rien au hasard

Le concept d'intersectionnalité a été élaboré il y a plus de trois décennies par des théoriciennes féministes racisées pour désigner et appréhender les processus d'imbrication et de co-construction de différents rapports de pouvoir – en particulier la classe, la race et le genre. Il connaît aujourd'hui une reconnaissance académique, tardive mais importante, dans les sciences sociales françaises, comme en témoignent les nombreuses publications et les traductions qui mobilisent le concept[7]. Alors même que la discussion dont cette notion fait l'objet est nourrie et que son adoption dans le vocabulaire et les analyses des sciences sociales se développe de façon fructueuse, offrant à une nouvelle génération de chercheuses et chercheurs des perspectives intellectuelles prometteuses, une fraction du monde universitaire, relayée par des discours politiques confus mais

7 Différents types d'introductions au concept d'intersectionnalité sont aujourd'hui largement accessibles aux chercheur·euse·s et aux étudiant·es. On peut citer le numéro des *Cahiers du genre* « Féminismes : penser la pluralité » (n° 39, 2005), dans lequel on trouve la traduction de l'article de Kimberlé Crenshaw « Cartographies des marges » ; l'anthologie présentée par Elsa Dorlin, *Black Feminism. Anthologie du féminisme africain-américain, 1975-2000* (Paris, L'Harmattan, 2008) ; l'introduction au concept proposée dans le manuel de Laure Bereni, Sébastien Chauvin, Alexandre Jaunait et Anne Revillard, *Introductions aux gender studies* (Bruxelles, DeBoeck, 3e éd., 2020). Des publications discutant et approfondissant la notion sont également disponibles : le numéro de *Raisons politiques*, « Les langages de l'intersectionnalité » (n° 58, 2015) ; l'ouvrage dirigé par Farinaz Fassa, Éléonore Lépinard et Marta Roca i Escoda qui propose plusieurs traductions (de Patricia Hill Collins et Kimberlé Crenshaw entre autres), *L'Intersectionnalité. Enjeux théoriques et politiques* (Paris, La Dispute, 2016) ; le numéro de la revue *Mouvements* (fév. 2019).

certainement réactionnaires[8], cherche à discréditer scientifiquement cette approche. Les deux registres de discours, celui tenu par certains chercheurs et certaines chercheuses comme celui des politiques, l'assimilent en effet à une forme intellectuelle de communautarisme qui essentialiserait les identités.

On ne saurait certes tenir des chercheurs comme Gérard Noiriel et Stéphane Beaud, auteurs du livre *Race et sciences sociales*[9], pour responsables des propos choquants et graves tenus par une ministre de l'Enseignement supérieur et de la Recherche contre la liberté académique et contre les chercheuses et chercheurs dont les travaux mobilisent le genre ou la notion critique de race. Mais il y a bien une ignorance commune qui anime ces deux types de discours et une posture partagée. L'un comme l'autre se présentent comme sujets d'un discours universel, à l'opposé de discours qui seraient communautaristes et donc *a fortiori* porteurs de « querelles identitaires ». L'un comme l'autre croient énoncer un discours objectif et donc scientifique, à l'inverse de recherches qui seraient, elles, subjectives et erronées. À cela s'ajoute, de la part des deux chercheurs, une naïveté éloquente qui consiste à croire qu'ils peuvent énoncer un

8 Didier Fassin, « Un vent de réaction souffle sur la vie intellectuelle », *AOC Media*, 23 février 2021.

9 Marseille, Agone, 2021.

discours au-dessus de la mêlée, en se posant en arbitres d'un débat qu'ils prennent de haut et auquel, semblent-ils croire, ils ne prendraient en fait pas part (par quel tour de magie ?).

La convergence, certes non voulue, est cependant lourde de responsabilités pour les deux universitaires. Le discours qu'ils tiennent se revendique d'une perspective de sociologie critique et avance, à ce titre, la non-pertinence des travaux sur la racialisation et l'intersectionnalité. Le discours politique réactionnaire cherche, quant à lui, à bannir toute forme de recherche critique en s'attaquant d'abord aux études critiques de la race et aux études de genre. La rencontre objective qui se fait jour entre ces deux positions invite à réfléchir aux ressorts communs d'une ignorance satisfaite d'elle-même et d'un aveuglement propre à des positions dominantes, aussi bien dans le champ social qu'académique.

Du côté politique, le ressort idéologique de cette attaque est clair et de taille : jouer de l'anti-intellectualisme et flirter avec des pratiques autoritaires pour désigner à la vindicte le projet même des sciences sociales, leur manière de déconstruire les rapports de pouvoir en les dénaturalisant et leur capacité à forger des concepts pour résister aux formes plurielles de hiérarchisation à l'œuvre dans la société. Mais du côté des sciences sociales, pourquoi ces résistances au concept d'intersectionnalité ?

Les stratégies de délégitimation à l’œuvre

L'entreprise de délégitimation de l'intersectionnalité, et plus largement des études sur la race et le genre, menée, il faut le dire, majoritairement par des universitaires jouissant de positions académiques bien établies[10], et souvent ignorants de leurs privilèges de genre et de race, est tout d'abord le symptôme de stratégies actives de résistance à la prise en compte – conceptuelle, analytique et épistémologique – de certains rapports sociaux dans la recherche en sciences sociales. En effet, les interventions du type de celles de Stéphane Beaud et Gérard Noiriel ne sont pas le fruit d'un désir de participer au riche débat intellectuel qui existe sur cette notion, mais bien des tentatives de la disqualifier comme une « mode intellectuelle », au mieux naïve, au pire important une hégémonie états-unienne dans les sciences sociales françaises[11]. Ces stratégies sont de vieilles ficelles, des discours qui déforment sciemment leur objet pour le discréditer.

Ces entreprises de disqualification procèdent du même mouvement que celles qui touchent aux questions raciales en général dans le monde

10 Dans ou en dehors des sciences sociales : il faut ainsi distinguer, d'une part, des chercheur·euse·s en sciences sociales, la plupart non spécialistes des questions raciales, soutenant, par leur signature, l'ouvrage de Beaud et Noiriel, et, d'autre part, celles et ceux, majoritaires par exemple au sein de l'Observatoire du décolonialisme, qui ne s'inscrivent pas de près ou de loin dans le champ de recherche dont ils critiquent les « dérives ».
11 Voir Beaud et Noiriel, *Race et sciences sociales*, *op. cit.*, p. 202-205. Voir également le post de blog publié en novembre 2018 par Gérard Noiriel : https://noiriel.wordpress.com/.

académique français[12]. Cependant, il ne s'agit pas dans ce cas uniquement de la reproduction de discours politiques hégémoniques et historiquement sédimentés, propres au contexte français, qui délégitiment l'usage du concept de race et, dans une moindre mesure, celui de genre. La disqualification de l'intersectionnalité traduit en effet aussi un refus net d'accepter (et même de discuter) les postulats épistémologiques de ce concept, et plus largement l'épistémologie féministe. Il est donc nécessaire d'interroger la résistance spécifique que suscite ce concept : elle nous renseigne en effet sur les impensés épistémologiques de nombreux travaux en sciences sociales. Elle éclaire de façon nouvelle la nécessité d'un débat sur les conditions de production de la connaissance dans les sciences sociales françaises. C'est cette discussion à la fois épistémologique et politique que nous voulons engager ici, car elle interroge la question même de la reproduction des privilèges au sein du monde académique français. Elle permet également de déployer tout le potentiel de cette approche critique qu'est l'intersectionnalité.

12 Voir Lila Belkacem, Lucia Direnberger, Karim Hammou et Zacharias Zoubir, « Prendre au sérieux les recherches sur les rapports sociaux de race », dossier « Intersectionnalité », *Mouvements*, février 2019, https://mouvements.info/prendre-au-serieux-les-recherches-sur-les-rapports-sociaux-de-race/.

Disons-le simplement : celles et ceux qui s'opposent au concept d'intersectionnalité n'y connaissent pas grand-chose. En témoigne l'absence de références aux écrits et travaux qui développent ce champ de recherche ou les arguments utilisés : l'intersectionnalité est accusée de promouvoir une vision communautariste du monde, réifiée et rigide des rapports sociaux. Elle valoriserait l'identité au détriment des processus sociaux et mettrait l'accent sur des identités sociales (la race, le genre, la sexualité) dont la pertinence, aussi bien dans la réalité sociale que dans l'analyse, est remise en cause. Elle viendrait occulter les « vrais rapports sociaux », ceux qui comptent vraiment politiquement et analytiquement, à savoir ceux liés à la classe sociale, au « populaire », érigés en principe fondamental de division du social[13]. En outre, et paradoxalement au vu de la critique précédente, l'intersectionnalité, pour ces mêmes auteurs, ne prendrait en compte « que » la race, le genre et la classe alors qu'il faudrait en réalité prendre en compte de nombreux autres rapports sociaux[14]. Là encore, on constate une méconnaissance complète de ce champ de recherche, puisque les travaux intersectionnels ne se cantonnent pas au triptyque initial « classe, race, genre », mais intègrent aussi notamment la catégorie

13 Beaud et Noiriel, *Race et sciences sociales*, *op. cit.*, p. 376.
14 *Ibid.*, p. 276 et https://noiriel.wordpress.com.

de sexualité, la religion, le handicap, l'âge, ou encore le statut administratif[15].

La race, « mauvais » objet des sciences sociales françaises

En tout état de cause, le premier procès de l'intersectionnalité lui reproche de s'intéresser à de *mauvaises* identités : elle parle de race et elle parle de genre. Il semble que dans le contexte français, trop souvent encore, toute attention prêtée à ces dimensions de l'identité sociale est soupçonnée de donner lieu à l'essentialisation et à l'assignation des individus à des catégories jugées douteuses, en particulier pour les identités raciales. En effet, catégoriser en fonction du genre est aujourd'hui, la plupart du temps, considéré comme acceptable en sciences sociales, même si les exigences analytiques impliquées par ce concept ne sont pas toujours adoptées. Quant à la classe, elle n'est jamais pensée comme relevant également de modes d'identification. C'est plutôt sur l'identité raciale que se concentrent tous les soupçons d'essentialisation, de réification, bref, de mauvaise sociologisation.

Cette suspicion n'est ni étonnante ni singulière : on la retrouve, à des degrés divers, exposée dans les raisonnements des juges et

15 Notamment Nira Yuval-Davis « Situated Intersectionality and Social Inequality », *Raisons politiques*, n° 58, 2015, p. 91-100.

législateur·trice·s états-unien·ne·s, allemand·es ou européen·ne·s, qui soumettent les catégories raciales à un examen minutieux[16]. La notion de race fait du reste, dans de nombreux contextes académiques et politiques, l'objet de discussions inévitables : en raison de son histoire, personne ne prend à la légère le fait d'y recourir. En témoignent la réflexivité forte et les précautions méthodologiques[17] qui sont de mise dans les recherches sur la racialisation mais que le brouhaha actuel rend inaudibles. Cependant, réflexivité et réticence sont deux choses bien différentes. Et la réticence prend, dans le contexte académique français, un sens et un poids politiques particuliers en ce qu'elle fait étrangement écho à la croyance en une *colorblindness* réalisée socialement et au souhait, émis depuis plus de trente ans à plusieurs reprises, et souvent relayé par des chercheurs et des chercheuses en sciences sociales, d'enlever le mot « race » de la Constitution française.

Les résistances qui s'expriment à propos de la mobilisation du concept de race dans les sciences sociales françaises sont donc

16 Dossier thématique « Race et droit » dirigé par Lionel Zevounou, *Revue des droits de l'homme*, n° 19, 2021, https://journals.openedition.org/revdh/

17 Notamment Sarah Mazouz « Les mots pour le dire : La qualification raciale de l'enquête de terrain à l'écriture », *in* D. Fassin et A. Bensa (dir.), *Les Politiques de l'enquête. Épreuves ethnographiques*, Paris, La Découverte, 2008, p. 81-98. Ou encore Cris Beauchemin, Christelle Hamel et Patrick Simon (dir.), *Trajectoires et origines*, Paris, Ined Éditions, 2015, notamment l'introduction.

multiples. Elles tiennent parfois aussi à des incompréhensions conceptuelles ou des affiliations à des traditions de pensée – voire à du nationalisme méthodologique –, acceptées sans la distance critique que permettent pourtant, d'une part, l'internationalisation des sciences sociales et, d'autre part, le passage du temps avec l'arrivée de nouvelles générations dans la recherche. Mais force est de constater que lorsque l'effort est fait d'expliciter cette résistance au sein du monde académique, c'est le plus souvent le spectre de « querelles » identitaires et de « conflits » raciaux – et donc un enjeu avant tout politique – qui est pointé. La question raciale diviserait le corps national ou les classes populaires. Ces divisions seraient bien évidemment néfastes, soit au projet républicain d'assimilation, soit aux mobilisations pour la justice sociale[18]. Parler de race serait donc par définition dangereux car un tel discours serait porteur de conflits sociaux perçus comme une régression politique.

18 Voir Beaud et Noiriel, *Race et sciences sociales*, *op. cit.*, p. 365 *et passim*. Norman Ajari a proposé une critique fournie de leur argument selon lequel le nationalisme noir serait diviseur (et donc fossoyeur) des mouvements sociaux progressistes, sur son blog : https://blogs.mediapart.fr/norman-ajari/blog/040121/impasses-du-reductionnisme-de-classe-sur-un-texte-de-beaud-et-noiriel. Michelle Zancarini-Fournel, dans sa critique du livre de Stéphane Beaud et Gérard Noiriel, pointe, outre les inexactitudes historiques, l'interprétation tendancieuse du livre qui rend les mouvements anti-racistes responsables de la perte d'influence du PCF, entre autres, voir https://www.en-attendant-nadeau.fr/2021/02/25/erreurs-livre-beaud-noiriel/.

Pour les tenant·es de cette position, parler de race revient à redonner à des affiliations personnelles un sens politique. Cela contredirait donc un devoir d'objectivité impliquant une rupture avec l'identité individuelle, sur le mode de celle qui prévaut justement dans la culture politique française depuis la Révolution et qui affirme que l'égalité ne peut se réaliser qu'au prix d'une abstraction des individus vis-à-vis de leurs caractéristiques sociales. Ces universitaires adhèrent donc au postulat républicain selon lequel l'égalité entre citoyen·ne·s ne peut être atteinte que par l'homogénéisation, fictive, du corps politique. À l'opposé de cette logique, analyser la race comme un régime de pouvoir[19], c'est-à-dire un principe produisant des hiérarchies dans la société, amène logiquement à admettre l'importance politique des caractéristiques sociales liées à la race et ce d'autant plus qu'il s'agit de réaliser une société plus égalitaire. En effet, parler de race conduit à reconnaître que des groupes sont socialement minorisés et que l'État, s'il veut corriger cette situation, ne peut justement plus se contenter de ne considérer que des individus abstraits de l'histoire qui constitue leur condition. En ce sens, les études critiques de la race et l'intersectionnalité permettent de penser les politiques d'égalité au-delà du simple énoncé du principe d'égalité

19 Voir Sarah Mazouz, *Race*, Paris, Anamosa, 2020.

formelle et, surtout, de comprendre que l'universalisme abstrait ne parvient pas à garantir une égalité de traitement entre citoyen·ne·s.

Or il y a un paradoxe à cette cécité républicaine à la race qui s'énonce au nom de l'égalité. Elle rend ineffectives et illégitimes les politiques de lutte contre les discriminations liées à la race en empêchant leur mise en œuvre concrète[20]. Elle contribue aussi à passer sous silence les périodes où le racisme a été une politique d'État en France, dans une mémoire étrangement biaisée du passé colonial de la République comme du régime de Vichy. En effet, avoir peur d'énoncer la question raciale, c'est oublier un peu vite qu'elle est, en France comme ailleurs, le produit d'une histoire de violence et qu'il fut un temps où le droit de la République mobilisait et produisait des catégorisations racialisantes.

C'est aussi être un peu trop pressé de ne plus jamais, à l'avenir, avoir à penser la question raciale[21] et oublier que les effets de marginalisation, de chômage, de maladie et de mort que la race produit sont réels et encore d'actualité, sans parler des conséquences, sur le temps

20 Sarah Mazouz, *La République et ses autres. Politiques de l'altérité dans la France des années 2000*, Lyon, ENS Éditions, 2017.

21 Belkacem, Direnberger, Hammou et Zoubir rappellent dans « Prendre au sérieux les recherches sur les rapports sociaux de race » (art. cité) les débats du début des années 1990 en France sur l'opportunité de s'affranchir de la « race » dans la constitution. Voir également Silyane Larcher, « Sur les ruses de la raison nationale. Généalogie de la question raciale et universalisme français », dossier « Intersectionnalité », *Mouvements*, février 2019, https://mouvements.info/sur-les-ruses-de-la-raison-nationale/.

long, de la colonisation sur les descendant·es de celles et ceux qui en ont été victimes. Il est donc logique que cette histoire raciale comme le legs qui nous en est parvenu fassent aujourd'hui l'objet de demandes de justice sociale et de réparation. Ces demandes, allant à l'encontre de l'ordre social dominant, ne peuvent être perçues que comme conflictuelles. Le rôle des sciences sociales est-il pourtant de légitimer l'ordre dominant et l'histoire officielle ? Pourquoi, du reste, la force de remise en cause de l'ordre établi par l'antagonisme de classe n'est-elle pas, elle, considérée par les sciences sociales comme problématique ou destructrice pour la société ? Par exemple, les revendications liées à la classe ouvrière, même si elles ont pu historiquement exclure les femmes et d'autres groupes minoritaires, sont *a priori* créditées d'être les moteurs du progrès social[22].

Reproduire le tabou de la race dans la recherche, en affirmant sans cesse que toute prise en compte de cette dimension de l'expérience sociale et de l'identité individuelle constitue une réification dangereuse des catégories sociales, contribue dès lors à perpétuer une ignorance, scientifique et politique. Ne pas penser la race, refuser de la nommer, au

22 Voire le seul moteur du progrès pour Gérard Noiriel dans *Une histoire populaire de la France. De la guerre de Cent Ans à nos jours*, Marseille, Agone, 2016.

moment même où de nombreux collectifs dans la société française la revendiquent et tentent de la constituer comme question *politique* – que ce soit à partir de la mémoire de l'esclavage, de la lutte contre l'islamophobie ou de l'identification comme Noir·e ou Afro-descendant·e avec le mouvement #BLM et le Comité Vérité et Justice pour Adama –, est-ce réellement répondre aux impératifs de l'analyse sociologique ? Sans parler de l'urgence politique qu'il y a à reconnaître les formes d'inégalité qui découlent des processus de racialisation et à agir contre elles.

Bien sûr, comme toute catégorie analytique qui vise à éclairer une réalité empirique, et à la styliser, le concept de race doit être défini, avec rigueur, et sa définition doit répondre à un objectif d'explication de la réalité plutôt qu'à une analyse purement politique. La réflexivité et l'autonomie de la réflexion scientifique sont donc ici, comme ailleurs en sciences sociales, de mise. En revanche, disqualifier *a priori*, en tout temps et en tout lieu, l'usage conceptuel de cette catégorie, c'est s'engager à ne jamais la découvrir dans le social, se lier les mains, fermer les yeux et se boucher les oreilles face à la possibilité qu'elle puisse se manifester à de multiples niveaux et selon des modalités variables dans la réalité sociale.

Ainsi, la critique de l'intersectionnalité reprend en bonne partie des débats antérieurs qui ont agité le monde académique français, sur les catégorisations ethniques, le concept de race ou la « discrimination positive »[23]. Elle traduit, une fois de plus, la difficulté pour une partie des chercheurs et chercheuses en sciences sociales à se détacher d'un discours politique hégémonique qui se dit républicain et d'intégrer véritablement à leurs analyses ce que des travaux historiques et sociologiques de plus en plus nombreux montrent de façon toujours plus documentée : la pertinence des catégorisations et identifications raciales dans la société française contemporaine. Celles-ci sont historiques, labiles, dynamiques et produites par des processus sociaux contextuels, mais elles existent bel et bien et ne peuvent être simplement supprimées de l'analyse sociologique, au risque de faire de la mauvaise sociologie et de reproduire une vision d'État et des élites (blanches et masculines) qui dit quelles identités sont légitimes à s'exprimer dans le débat public.

Les spectres de l'essentialisme

Le deuxième procès de l'intersectionnalité porte sur le fait qu'elle prendrait *mal* en compte les identités. Elle s'intéresserait à des « identités

23 Voir le numéro spécial dirigé par Daniel Sabbagh et Shanny Peer, « French Color Blindness in Perspective: The Controversy over "Statistiques ethniques" », *French politics, Culture and Society*, n° 26, 2008, avec les articles de Patrick Simon, Louis-Georges Tin, Alain Blum et France Guérin-Pace.

réifiées » plutôt qu'aux individus sociologiques. C'est là bien mal connaître ses classiques en la matière ! En effet, ce que l'approche intersectionnelle examine, ce sont des processus historiques et sociaux, des logiques de production des hiérarchies et des discriminations[24]. Elle s'intéresse donc aux expériences minoritaires (et non pas identitaires), placées au croisement de plusieurs rapports sociaux de pouvoir.

On peut illustrer ces postulats théoriques à partir d'exemples d'analyse intersectionnelle en sociologie. D'abord, l'intersectionnalité met en lumière le type particulier de domination que les membres de groupes situés au croisement de plusieurs rapports de pouvoir subissent. En d'autres termes, être femme et noire, c'est socialement autre chose qu'être une femme blanche ou un homme noir[25]. En France, être femme et d'origine maghrébine induit une probabilité beaucoup plus forte d'être inactive sur le marché de l'emploi que la probabilité liée au seul fait d'être une femme, ou au seul fait d'être d'origine

24 Voir par exemple Angela Davis, *Femme, race et classe*, Paris, Éditions des Femmes [1981] 1983, et Patricia Hill Collins, *Black Feminist Thought,* New York Routledge, [1990] 2000 (une partie du texte est traduite en français dans l'ouvrage *Genre, postcolonialisme et diversité des mouvements des femmes,* dirigé par Christine Verschuur, Genève, Graduate Institute Publications/ L'Harmattan, 2010, https://books.openedition.org/iheid/5879).

25 Gloria T. Hull, Patricia Bell Scott, et Barbara Smith (dir.) *All the Women Are White, All the Blacks are Men, But Some of Us Are Brave*, New York, The Feminist Press at the City University of New York, 1982.

maghrébine[26]. Ensuite, l'intersectionnalité en appelle à sortir d'une lecture strictement arithmétique de la domination pour insister sur les configurations plurielles et toujours contextualisées dans lesquelles différents rapports sociaux s'articulent. Les contrôles de police au faciès ou le traitement judiciaire des délits montrent par exemple comment, dans certains contextes, des hommes assignés racialement sont particulièrement sanctionnés et discriminés socialement. Le genre masculin n'est donc pas toujours et de manière absolue porteur d'un privilège social. Ainsi, l'intersectionnalité ne pense pas seulement le cumul des désavantages (et des privilèges), elle pense surtout les modalités de leurs articulations et elle thématise leurs tensions.

Une approche intersectionnelle évite ainsi de procéder à des généralisations problématiques qui (re)produisent des marginalisations sociales et historiques de groupes situés à l'intersection de plusieurs rapports de pouvoir qui les oppressent. Elle évite aussi des généralisations abusives des catégories identitaires ellesmêmes. Elle permettrait donc à Gérard Noiriel d'éviter d'écrire, en 2018, après #MeToo et deux cents ans d'histoire d'exclusion des femmes de l'espace politique français, et toujours moins de

26 Dominique Meurs et Ariane Pailhé, « Position sur le marché du travail des descendants directs d'immigrés en France : les femmes doublement désavantagées ? », *Économie et statistiques*, n° 431-432, 2010.

25 % de présence féminine dans les médias[27], que « le critère socioprofessionnel est le plus déterminant [pour comprendre le fonctionnement de notre société] car c'est celui qui commande en dernière instance l'accès à la parole publique ». En effet, une telle affirmation oppose « le genre ou l'origine » à la classe sociale, comme s'il n'y avait pas de femmes dans le « populaire »[28], et que le genre n'influençait pas leur accès à la parole publique. C'est bien pour éviter les écueils d'une analyse qui catégorise les groupes selon un seul axe identitaire, un seul rapport de pouvoir – le genre *ou* la classe, la race *ou* la classe – que le concept d'intersectionnalité a été forgé.

Le concept d'intersectionnalité a précisément été créé et développé par la juriste Kimberlé W. Crenshaw pour éviter les écueils de ce type d'analyse réductrice axée sur une seule catégorie d'identité. D'autres termes, qui l'ont précédé ou accompagné conceptualisent une idée similaire : le concept de « matrice de domination[29] » ou, dans le contexte français, celui de

27 En 2020, les femmes n'ont été à la une des principaux titres de presse français qu'à hauteur de 16,6 %, voir https://www.culture.gouv.fr/Espace-documentation/Rapports/Rapport-sur-la-place-des-femmes-dans-les-medias-en-temps-de-crise.

28 Voir, pour une vision opposée, Michelle Zancarini-Fournel, *Les Luttes et les Rêves. Une histoire populaire de la France de 1685 à nos jours*, Paris, Zones, 2016.

29 Patricia Hill Collins, *Black Feminist Thought: Knowledge, Consciousness and the Politics of Empowerment*, 1re éd., Boston, Unwin Hyman, 1990.

consubstantialité des rapports de pouvoir[30]. Sans ériger Kimberlé Crenshaw en référence unique, car la généalogie intellectuelle de l'intersectionnalité est plus complexe[31], revenir sur ses écrits permet de rappeler les prémisses conceptuelles de la notion.

Dans son premier texte forgeant le concept en 1989, Crenshaw rappelle : « les femmes noires sont parfois exclues de la théorie féministe et du discours antiraciste parce que l'une comme l'autre sont élaborés à partir d'un ensemble d'expériences qui ne reflète pas de façon adéquate les interactions qui existent entre la race et le genre[32] ». En ce sens, les discours et les pratiques militantes ou politiques qui visent à l'émancipation sont aussi en bonne partie aveugles à la structure de la domination qu'elles (re)produisent : elles érigent la plupart du temps l'expérience des « dominants au sein du groupe dominé » comme exemplaire et représentative et occultent par là même les expériences (et les intérêts politiques) de celles et ceux qui, se trouvant à l'intersection de plusieurs rapports

30 Voir notamment Danièle Kergoat, *Se battre, disent-elles*, Paris, La Dispute, 2012, où les principaux articles de la sociologue sur la question ont été regroupés.

31 Ange-Marie Hancock, *Intersectionality: an Intellectual History*, Oxford, Oxford University Press, 2017.

32 « Demarginalizing the Intersection of Race and Sex. A Black Feminist Critique of Antidiscrimination Doctrine, Feminist Theory and Antiracist Politics », *University of Chicago Legal Forum*, n° 1, 1989, p. 139-167, ici p. 140 (nous traduisons). Ce texte est consultable à l'adresse suivante : http://chicagounbound.uchicago.edu/cgi/viewcontent.cgi?article=1052&context=uclf.

de domination, ne bénéficient pas d'un privilège social relatif.

Dans un second texte[33], Crenshaw poursuit son analyse des catégorisations juridiques sur lesquelles l'action publique repose, mais en l'enrichissant de l'examen critique des identités univoques et dominantes affirmées par les mouvements sociaux. Elle étudie alors le cas des violences conjugales faites aux femmes racisées et immigrées pour montrer qu'elles se trouvent au croisement du racisme et du sexisme et que, dans la majorité des cas, elles ne sont prises en compte ni par le discours antiraciste ni par le discours féministe. Elle critique ainsi le point aveugle de ce qu'elle appelle les politiques de l'identité – c'est-à-dire les discours et les programmes qui visent à lutter contre le racisme *ou* le sexisme. Ce n'est pas tant l'incapacité de ces « *identity politics* » à dépasser la différence qui pose problème, comme on aime habituellement à le souligner, mais, au contraire, c'est précisément parce qu'elles éludent les différences qui traversent le groupe des femmes et le groupe des Noir·es qu'elles sont problématiques et critiquables. L'autrice invite ainsi à

33 « Mapping the Margins: Intersectionality, Identity Politics, and Violence Against Women of Color », *Stanford Review of Law,* n° 43, vol. 6, 1991, p. 1241-1299. « Cartographie des marges : intersectionnalité, politique de l'identité et violence contre les femmes de couleur », *Cahier du genre, Féminisme(s), penser la pluralité*, n° 39, 2005, p. 51-82 (trad. : Oristelle Bonis).

interroger l'essentialisme des catégories de l'action publique sur lesquelles s'appuient ces politiques de l'identité. La principale conséquence de cette réification des identités est de rendre impossible la prise en compte de l'intérêt des personnes qui font partie de catégories qui ne sont jamais pensées comme sécantes.

Avec l'intersectionnalité, on est donc loin d'une réification des identités, et plutôt dans une critique de l'essentialisation, l'analyse portant sur des expériences de discrimination et la condition *minoritaire* qui en découle. Les deux textes cités ont, du reste, suscité des débats critiques au sein des études féministes et des *critical race studies*. La principale attaque portée aux analyses de Crenshaw leur reproche leur caractère abstrait faisant justement encourir le risque de rigidifier les situations intersectionnelles ; ce dont Crenshaw se défendra dans plusieurs de ses textes ultérieurs en rappelant la nécessité de contextualiser et d'historiciser l'analyse[34].

En sociologie, de nombreux travaux ont enrichi l'analyse intersectionnelle sur le plan méthodologique et conceptuel. Par exemple, ceux de Candace West et Sarah Fenstermaker[35]

34 Sumi Cho, Kimberlé Crenshaw et Leslie McCall, « Toward a Field of Intersectionality Studies: Theory, Application and Praxis », *Signs*, n° 38, vol. 4, 2013, p. 785-810.

35 Candace West et Sarah Fenstermaker, « Doing Difference », *Gender and Society*, n° 9, vol. 1, 1995, p. 8-37, traduit en français par Laure de Verdalle et Anne Revillard, « "Faire" la différence », *Terrains et Travaux*, n° 10, 2006, p. 103-136.

s'appuient sur une analyse empirique des interactions sociales pour saisir de manière dynamique l'actualisation située des assignations de race, de genre et de classe. Dans la même veine, Julie Bettie montre par une enquête ethnographique comment, dans le contexte états-unien, la renégociation de l'identité de classe passe pour des jeunes filles d'origine mexicaine par un jeu qui renforce les codes genrés et racialisés[36]. La méthode ethnographique s'avère ainsi particulièrement propice pour contextualiser davantage la forme prise par l'imbrication de la classe, de la race et du genre. Elle permet d'interroger la modalité même de l'articulation en montrant comment le jeu qui existe entre ces différents principes de hiérarchisation peut aller dans le sens d'une mise en porte-à-faux, d'une hyperbolisation ou d'une euphémisation, sachant que ces processus peuvent varier pour une même personne selon les interactions[37].

Par ailleurs, les travaux utilisant une approche intersectionnelle ne se limitent pas à l'étude de groupes multiplement discriminés. Ils permettent aussi d'analyser des groupes en position de privilège relatif. Par exemple, dans

36 Julie Bettie, « Women without Class: Chicas, Cholas, Trash, and the Presence/Absence of Class Identity », *Signs*, n° 26, vol. 1, 2000, p. 1-36 et « Class Dismissed? Roseanne and the Changing Face of Working Class Iconography », *Social Text*, n° 45, vol. 4, 1995, p. 125-149.

37 Sarah Mazouz, « Faire des différences. Ce que l'ethnographie nous apprend sur l'articulation plurielle des modes d'assignation », *Raisons politiques*, n° 58, 2015, p. 75-89.

ses recherches, l'anthropologue Mara Viveros Vigoya s'appuie sur le *Black feminism* et les épistémologies décoloniales pour interroger la construction des masculinités dans le contexte colombien, au croisement de formes plurielles de domination (sociale, raciale et sexuelle)[38].

L'approche intersectionnelle en sociologie permet donc d'entrer dans la fabrique des processus qui façonnent, selon des modalités d'articulation variées, les expériences et les identités.

Contre l'hégémonie de la classe

Troisième procès fait à l'intersectionnalité : elle privilégierait le genre et la race sur la classe sociale. Ainsi Stéphane Beaud et Gérard Noiriel affirment que « le critère de classe est le plus souvent ignoré » dans les travaux des « adeptes de l'intersectionnalité »[39]. Là encore, c'est bien méconnaître l'histoire du concept et la littérature qui s'en revendique. On peut citer l'ouvrage d'Angela Davis, *Women, Race and Class*, publié en 1981 déjà et qui figure parmi les ouvrages de référence dans le champ de l'intersectionnalité, celui de Patricia Hill Collins, *Black Feminist Thought* (1990), dans lequel la classe joue également un rôle central, ou encore le recueil de Cherríe Moraga et Gloria Anzaldúa, *This Bridge*

38 Mara Viveros Vigoya, *Les Couleurs de la masculinité. Expériences intersectionnelles et pratiques du pouvoir en Amérique du Sud*, Paris, La Découverte, 2017.

39 Beaud et Noiriel, *Race et sciences sociales*, *op. cit.*, p. 376.

Called my Back (1981 également). En effet, nombre de « féministes de couleur » (*feminists of color*) se revendiquent dans les années 1980 du marxisme et la classe constitue un élément central de leurs analyses.

Mais la lecture des textes fondateurs de l'approche intersectionnelle et des travaux plus récents, y compris français[40], qui attestent la centralité de la classe dans cette analyse changerait-elle la position de celles et ceux qui fustigent l'intersectionnalité ? Probablement pas car la délégitimation du concept exprime plutôt le refus du postulat scientifique et politique sur lequel l'approche intersectionnelle se fonde, à savoir que l'analyse des rapports de pouvoir et leur critique ne sauraient accorder *a priori* le primat à la classe sociale.

En effet, loin de donner la priorité, dans l'analyse scientifique et politique, à un rapport social sur les autres en tout temps et en tout lieu, l'intersectionnalité pointe le fait que tout rapport social est fondamentalement articulé

40 Voir par exemple, parmi un ensemble de plus en plus fourni de travaux, Fatima Ait Ben Lmadani, « Dynamiques du mépris et tactiques des "faibles". Migrantes âgées marocaines face aux institutions d'action sociale », *Sociétés contemporaines*, n° 70, 2008, p. 71-93 ; Martina Avanza et Magali Della Sudda, « "Ripostes catholiques". Recherches contemporaines sur les mobilisations conservatrices autour de questions sexuelles », *Genre, sexualité & société*, n° 18, 2017 ; Nasima Moujoud, « Genre et migration de femmes seules. Entre androcentrisme et prisme de "la culture d'origine" », *NAQD*, n° 28, 2010, p. 55-75 ; Silyane Larcher, « "Nos vies sont politiques !" L'afroféminisme en France ou la riposte des petites-filles de l'Empire », *Participations*, vol. 19, 2017, p. 97-127.

avec d'autres. Elle montre ainsi que les modalités de cette articulation et ses conséquences – en matière de privilèges absolus ou relatifs, quant à la marginalisation et à l'exploitation – sont fondamentalement historiques, et donc variables, un énoncé que toute personne n'appartenant pas à un groupe majoritaire et privilégié peut comprendre car il ou elle en a fait l'expérience. L'articulation entre classe et race n'a par exemple pas le même sens et les mêmes effets sociaux dans des sociétés postcoloniales d'immigration et des sociétés post-esclavagistes. L'articulation entre genre et race ne s'élabore pas de la même façon pour des femmes noires, maghrébines, asiatiques ou blanches qui ne sont pas soumises – dans l'espace public, au travail, à l'école ou sur Tinder – à des injonctions à la respectabilité similaires ni à des formes de discriminations comparables, et cela varie bien évidemment aussi en fonction de leur classe sociale, de leur âge, de leur catégorie de sexualité ou encore de leur statut, administratif ou professionnel.

Pour penser ces articulations, l'intersectionnalité, on l'a dit, refuse une logique de cumul simple des désavantages pour privilégier l'analyse de processus sociaux dynamiques. Par exemple, pour reprendre un cas observé sur l'un de nos terrains d'enquête, une jeune femme d'origine antillaise, fonctionnaire de catégorie A dans une préfecture, pourra subir de la part de ses collègues des remarques relevant de l'expression d'un racisme ordinaire d'autant plus fort qu'elle est jeune, d'origine bourgeoise et détentrice d'un poste de responsabilité, ce qui paraît dissonant pour celles et ceux qui l'assignent racialement. Mais, l'articulation de ces mêmes caractéristiques peut prendre un autre sens social et jouer en sa faveur quand, par exemple, elle se retrouve face à des représentant·es d'associations antiracistes ou de défense des personnes étrangères, pour lesquel·le·s son âge et le fait d'être une femme noire font oublier son appartenance à l'administration préfectorale[41].

Des débats scientifiques, des discussions et oppositions, existent bien sûr, au sein des études féministes, des études critiques de la race, en sociologie et en science politique, sur la manière de rendre opératoire le potentiel heuristique de cette notion[42]. Ainsi un des enjeux de la mise en œuvre du concept dans les méthodes des sciences sociales est bien de savoir quel rapport social doit être pris en compte dans l'analyse. Loin d'un dogme, l'intersectionnalité, si elle insiste sur l'importance de la race, oblige surtout

41 Mazouz, *La République et ses autres*, *op. cit.*, p. 81-89.

42 Voir par exemple Ange-Marie Hancock « When Multiplication Doesn't Equal Quick Addition: Examining Intersectionality as a Research Paradigm », *Perspectives on Politics*, n° 5, vol. 1, 2007, p. 63-79 ; Nira Yuval-Davis, « Intersectionality and Feminist Politics », *European Journal of Women's Studies*, n° 13, vol. 3, 2006, p. 193-209 ; ou Jennifer Nash « Re-thinking Intersectionality », *Feminist Review*, n° 89, 2008, p. 1-15.

la chercheuse ou le chercheur à « poser l'autre question », selon les termes de Mari Matsuda, une autre juriste centrale au développement de l'intersectionnalité, qu'elle nomme pour sa part « l'interconnexion de toutes les formes de subordination[43] ». Poser l'autre question, c'est par exemple demander devant un phénomène raciste : en quoi est-ce aussi sexiste ? Devant une manifestation d'homophobie, quelle est la dimension liée à la classe ? Et ainsi de suite. Il s'agit donc d'une exigence scientifique forte et non d'une recette toute faite qui plaquerait des postulats politiques sur la réalité. Les réponses à ces « autres questions » ne seront pas toujours pertinentes ou évidentes, mais les poser c'est déjà sortir des sentiers battus et se donner les moyens de rendre compte de la réalité sociale de façon complexe.

Les termes du débat posés dans le contexte français sont bien loin de ces discussions théoriques et méthodologiques pourtant essentielles, et stimulantes ! Ils sont le symptôme d'une résistance à prendre en compte la race dans l'analyse sociologique et, bien souvent, d'un désir d'imposer une hiérarchie des dominations qui privilégierait la classe. Ces limites dans la discussion scientifique se traduisent également sur le plan du débat politique. L'approche

43 Mari J. Matsuda, « Beside My Sister, Facing the Enemy: Legal Theory out of Coalition », *Stanford Law Review*, vol. 43, n° 6, 1991, p. 1183-1192.

intersectionnelle refuse de prioriser politiquement la classe. Et c'est précisément sur ce point que notre désaccord se noue avec les tenant·es d'une hiérarchie des luttes où la question de la classe sociale prévaudrait sur d'autres expériences minoritaires. L'intersectionnalité exige de penser aux possibilités et aux formes d'alliances entre groupes soumis à des rapports de pouvoir. Loin de faire prévaloir la race sur la classe, l'approche intersectionnelle offre plutôt une complexification de l'analyse des régimes d'oppression et donne, sur le plan pratique, la possibilité de construire, avec un souci d'égalité et de réciprocité, des causes communes.

Toutefois, l'enjeu qui se noue autour de l'intersectionnalité dans le contexte français ne s'arrête pas là. En effet, ce refus magistral de prendre connaissance des textes qui définissent cette approche et de son apport pour les sciences sociales, ou de considérer comme potentiellement intéressant, important et légitime de tenir compte de différentes catégorisations sociales dans l'analyse sociologique, traduit un impensé plus grave dans une partie des sciences sociales françaises qui relève de la réflexion – et de la réflexivité – épistémologique.

Contre le surplomb : les épistémologies du point de vue

La résistance à l'adoption de l'intersectionnalité, comme, en son temps, celle à l'utilisation du concept de genre[44] invite à avancer l'hypothèse d'une résistance proprement épistémologique. En effet, les théorisations de l'intersectionnalité, en tant que théorisations féministes, procèdent d'une épistémologie commune, l'épistémologie du point de vue, qui problématise le lien entre objets de savoirs et sujet producteur de connaissance. Cette tradition n'a pas trouvé un écho réel au sein des sciences sociales françaises, alors même qu'elle pose des questions épistémologiques et politiques cruciales.

Les épistémologies du point de vue empruntent tout d'abord au marxisme et au féminisme pour repenser ce qu'est l'objectivité, le rapport entre science et pouvoir et les conditions de production d'un savoir vrai sur le monde[45]. Au féminisme, les épistémologies du point de vue reprennent le constat de l'absence des femmes comme *objets* de connaissance – nous sommes dans les années 1970 –, absence qui est le symptôme d'une épistémologie défaillante[46]. Du marxisme, elles tirent l'idée que l'ex-

44 Cornelia Möser, *Féminismes en traductions*, Paris, Éditions archives contemporaines, 2013.

45 Sandra Harding, *The Science Question in Feminism*, Ithaca, Cornell University Press, 1986, et « Rethinking Standpoint Epistemology: What Is " Strong Objectivity" ? », *in* S. Harding, L. Martín Alcoff et E. Potter (dir.), *Feminist Epistemologies*, New York, Routledge, 1993.

46 Dorothy E. Smith, « Women's Perspective as a Radical Critique of Sociology », *Sociological Inquiry*, n° 44, vol. 1, 1974, p. 7-13.

périence vécue et matérielle (et non l'identité !) façonne un point de vue épistémologique spécifique sur le monde et les relations sociales. Nancy Hartsock s'inspire ainsi de sa lecture de Marx pour affirmer que l'expérience vécue est caractérisée par des relations de domination (en particulier le capitalisme et le patriarcat, mais pas seulement) qui influencent et forment de façon opposée les visions du monde des groupes parties prenantes de ces relations de pouvoir[47]. Pour Hartsock, la vision du monde promue par les personnes en position dominante est toujours partielle et partiale, car elle participe à la légitimation des rapports de domination – ce que Pierre Bourdieu n'aurait pas contredit. Celle des dominé·es ne peut devenir autonome qu'à travers une lutte collective qui peut, elle, produire un savoir véritable sur la nature des rapports de domination – ce à quoi Bourdieu en revanche n'avait pas pensé.

Selon les épistémologies du point de vue, il ne s'agit pas d'affirmer qu'un point de vue subalterne serait porteur, intrinsèquement, de savoirs plus *vrais*, mais plutôt d'insister sur la nécessité de produire une capacité d'analyse collective

47 Nancy Hartsock, *Money, Sex and Power: Toward a Feminist Historical Materialism*, New York, Longman, 1983 et « The Feminist Standpoint: Developing the Ground for a Specifically Feminist Historical Materialism », *in* S. Harding et M. Hintikka (dir.), *Discovering Reality: Feminist Perspectives on Epistemology, Metaphysics, Methodology, and Philosophy of Science*, Dordrecht, Reidel, 1983.

qui *prend le point de vue des dominé·es*, et qui fait donc une large part à leurs expériences. On le répète car les confusions sont nombreuses : l'épistémologie du point de vue ne prétend en aucun cas que « seules les femmes peuvent parler des femmes, les Noirs des Noirs etc. ». Il s'agit d'une exigence épistémologique *de partir des points de vue* des personnes marginalisées, toujours déjà multiples, pour poser des questions plus importantes et plus pertinentes sur le monde.

Le savoir n'est pas individuel, il doit être, selon Sandra Harding, collectivement produit, par une communauté capable de représenter cette diversité des points de vue. En effet, dans l'épistémologie objectiviste qu'elle critique, quand le chercheur ou la chercheuse croit pouvoir s'émanciper de sa position sociale pour prendre un point de vue « de nulle part », il ou elle crée en fait les conditions pour que ses préjugés et ses croyances soient directement importés dans les résultats de sa recherche. Si, qui plus est, son point de vue et ses expériences sociales de privilégié·e sont partagés par toute la communauté scientifique dont il ou elle fait partie… alors ses préjugés deviennent indélogeables de la culture scientifique dominante[48]. Pour Harding, un sujet qui postule sa capacité à éliminer *toutes* les valeurs et croyances de

48 Harding, « Rethinking Standpoint Epistemology… », art. cité.

son raisonnement, sans pour autant encourager la réflexivité sur sa propre position sociale ne peut produire qu'une objectivité faible. Le sujet savant de l'épistémologie du point de vue est au contraire un sujet qui pratique une « réflexivité forte », car il s'agit d'un sujet collectif et hétérogène qui rend compte de sa localisation sociale et qui est de même *nature* que l'objet qu'il étudie, partie prenante du monde lui aussi. Bien sûr, des variations existent dans les épistémologies féministes du point de vue, cependant elles partagent toutes la prémisse que *tout* savoir est produit de façon socialement située et qu'il existe une *multiplicité* de savoirs situés[49] : personne ne peut occuper toutes les positions sociales à la fois, ni fournir l'ensemble des représentations valides et vraies sur le monde.

C'est donc bien une critique radicale de l'idée d'objectivité comme détachement, point de vue « hors » du social et capable de l'embrasser dans sa totalité d'un seul regard, que l'épistémologie du point de vue propose. Mais cette critique, déjà ancienne, a-t-elle jamais traversé l'Atlantique ? Dans quel univers épistémologique vivent aujourd'hui les sciences sociales françaises ? Il semble que depuis Jean-Claude Chamboredon, Pierre Bourdieu et Jean-Claude

49 Artemisa Flores Espínola, « Subjectivité et connaissance : réflexions sur les épistémologies du point de vue », *Les Cahiers du genre*, n° 53, 2012, p. 99-120.

Passeron[50], la réflexion épistémologique sur la production de savoirs dans les sciences sociales reste prisonnière, en tout cas pour une bonne partie de la sociologie française qui se situe dans le sillon de ces auteurs, d'un débat sur l'objectivité et la possibilité pour la sociologie de prétendre au statut de science. En effet, *Le Métier de sociologue* comme *Le Raisonnement sociologique* visaient principalement à démontrer que le raisonnement sociologique rompt avec le sens commun, dans la pure tradition durkheimienne, et doit donc se défendre contre ce dernier tout en affirmant son objectivité. Pourtant, la tradition sociologique issue de Max Weber aurait pu fournir un terreau fertile aux réflexions sur le point de vue dans la sociologie française. En effet, comme le souligne Roland Pfefferkorn, le concept wébérien de neutralité axiologique ne renie en aucun cas l'idée que le chercheur ou la chercheuse occupe une position sociale qui influence ses valeurs et ses recherches[51].

Quand Bourdieu se penche sur la question de la relation entre sujet savant et objet de savoir, il le fait à l'inverse pour affirmer que l'exercice

50 Jean-Claude Chamboredon, Pierre Bourdieu, Jean-Claude Passeron, *Le Métier de sociologue*, Paris, Mouton & cie, 1983, et Jean-Claude Passeron, *Le Raisonnement sociologique. L'espace non poppérien du raisonnement naturel*, Paris, Nathan 1991.

51 Roland Pferfferkorn, « L'impossible neutralité axiologique. *Wertfreiheit* et engagement dans les sciences sociales », *Raison présente*, n° 191, 2014, p. 85-96.

de la réflexivité sociologique doit permettre au sociologue de rompre avec son propre point de vue (plutôt que de l'utiliser à des fins de production de savoir). Bourdieu rejoint donc l'épistémologie marxiste en ce qu'il postule que la vérité des relations sociales et des institutions est avant tout cachée par la *doxa*, et maintenue par l'*illusio*. Mais il postule que le ou la sociologue peut dévoiler cette vérité par la critique et par la réflexivité[52], plutôt que par la constitution d'un point de vue autonome collectif fondé sur les expériences des dominé·es.

Ainsi, en pratiquant ce qu'il appelle « l'objectivation participante » – en objectivant sa propre relation à son objet de recherche –, le ou la sociologue pourrait contrôler et maîtriser son rapport subjectif à son objet. La question de l'expérience comme point de vue n'est pas absente chez Bourdieu, puisqu'il critique la façon dont l'expérience scolastique éloigne les chercheurs et chercheuses de leur objet et du sens pratique qu'il a pour les personnes concernées. Toutefois, la thématisation de l'articulation entre expérience et production de connaissance s'arrête là et Bourdieu promeut clairement l'idée que l'objectivité, en tant que point de vue *non* situé, est possible et souhaitable. Au contraire des

52 Pierre Bourdieu, *Science de la science et réflexivité*, Paris, Raison d'agir, 2001, et « L'objectivation participante », *Actes de la recherche en sciences sociales*, n° 150, 2003, p. 43-57.

épistémologies féministes, la prise en compte réflexive du point de vue vise pour lui à neutraliser le positionnement du ou de la sociologue et non à l'intégrer comme partie prenante du savoir qu'il ou elle produit. Aussi l'objectivation sociologique peut-elle se substituer à la production collective d'un savoir autonome sur le monde à partir du point de vue des dominé·es et, par conséquent, légitimer la position de surplomb magistral du sociologue.

C'est directement contre l'idée que l'objectivité existe en dehors des points de vue situés que l'épistémologie du point de vue s'est construite. Si elle a, en France, été relayée et adoptée dans les études des sciences et des techniques et dans les études sur le genre, son potentiel épistémologique et politique y a malheureusement été circonscrit, ne suscitant pas la discussion dans les autres domaines des sciences sociales. C'est cet héritage que nous payons aujourd'hui dans le débat sur l'intersectionnalité, à savoir une incapacité et un refus de penser l'articulation entre expérience sociale et production de savoirs, qui se présentent sous les beaux habits de l'objectivation sociologique.

Une telle position de surplomb et d'extériorité révèle ce que le fait d'occuper une position de dominant·e autorise à ignorer. Elle procède d'une véritable épistémologie de l'ignorance, pour reprendre le terme de Shannon Sullivan

et Nancy Tuana[53]. Cette notion est issue des études critiques de la race et en particulier des études sur la blanchité (*whiteness*) qui proposent de renverser la perspective dans l'étude des processus de racialisation en s'intéressant aux membres du groupe majoritaire. Une des dimensions heuristiques de ce changement de perspective est de montrer comment la blanchité est produite comme un statut qui amène à se croire exonéré de la racialisation et fondé à assigner racialement les membres de groupes qui, selon les contextes et les moments historiques, incarnent une altérité radicale. En ce sens, la posture de surplomb est constitutive de la blanchité, puisque l'un des privilèges que ce statut octroie est de croire qu'on incarne l'universel, quand les membres des groupes racialisés sont censés être irrémédiablement liés à leur point de vue particulier. La notion d'épistémologie de l'ignorance permet de dévoiler comment cette position sociale marquée par le surplomb se traduit sur le plan épistémologique, en soulignant ses effets de méconnaissance sur le monde social et en particulier sur les expériences des groupes minorisés.

Plus fondamentalement, la notion d'épistémologie de l'ignorance nous renseigne sur le type même d'ignorance dont il s'agit. Il n'est

53 Shannon Sullivan et Nancy Tuana (dir.), *Race and Epistemologies of Ignorance*, New York, State University of New York Press, 2007.

en effet pas question ici de lacunes ou d'une méconnaissance auxquelles il serait possible de remédier en mettant simplement à disposition d'autres connaissances, mais bien plutôt d'un geste actif de ne pas tenir compte de savoirs constitués à partir des expériences minoritaires. En ce sens, les épistémologies de l'ignorance se fondent sur l'occultation et la disqualification d'analyses et de conceptualisations recelant une dimension insurgée ou indisciplinée, porteuse de menace pour l'ordre établi et les positions de pouvoir acquises.

Et c'est bien là le problème avec la manière dont le débat académique français se saisit de la notion d'intersectionnalité. Notre désaccord ne porte bien évidemment pas sur le fait de critiquer la notion d'intersectionnalité. Tout concept peut et doit être critiqué, et l'approche qui en découle évolue au gré de débats souvent contradictoires. On pourrait citer à ce titre la critique de Fatima Ait Ben Lmadani et Nasima Moujoud qui pointe la façon dont la réception des travaux issus du *Black feminism* en France s'est une fois de plus faite sans les ex-colonisé·es, réduisant l'intersectionnalité « à un outil "objectif" [alors que] celles/ceux qui l'ont finalement adopté ne s'intéressent pas à l'adapter au contexte postcolonial français et de fait font rarement référence aux travaux de féministes qui, sans forcément se revendiquer du féminisme postcolonial, traitent

leur objet d'étude dans cette perspective[54] ». On peut aussi légitimement s'interroger sur le nombre pertinent de rapports sociaux que l'intersectionnalité peut permettre de prendre en compte et sur le problème des définitions et des frontières des groupes en question, ou encore discuter du risque d'hyper-individualisation des analyses s'intéressant à des groupes ou à des trajectoires sociales au croisement de multiples intersections. L'intersectionnalité peut aussi s'avérer un outil très limité quand il s'agit d'étudier les dominant·es. Ces critiques rappellent qu'aucun concept à lui seul ne saurait éclairer l'ensemble des processus sociaux et que l'intersectionnalité ne fait pas exception à la règle.

En revanche, ce que nous trouvons problématique et préjudiciable à un vrai débat intellectuel, c'est de présenter comme plus soucieuse d'égalité une posture de surplomb qui tente de rendre légitime une politique d'ignorance des privilèges de celui qui l'énonce et, dans le même temps, rend invisibles les expériences minoritaires dans leur pluralité et leur complexité. Et cela au mépris de tout ce que les épistémologies féministes et marxistes du point de vue nous ont appris.

Assumer une épistémologie du point de vue, c'est donc une exigence de réflexivité forte et aussi une responsabilité éthique. En effet, cela

54 Fatima Ait Ben Lmadani et Nassira Moujoud, « Peut-on faire de l'intersectionnalité sans les ex-colonisé·es ? », *Mouvements*, n° 72, 2012, p. 11-21.

implique de reconnaître ce que l'on ne peut pas connaître seul·e *a priori*, d'identifier la façon dont ses propres privilèges peuvent induire des formes d'ignorance et de travailler à les combler. L'épistémologie du point de vue n'accorde pas de privilège épistémique aux dominé·es. Elle défend néanmoins l'idée que la science ne peut pas non plus se faire *sans* leurs points de vue et leurs expériences. Leur présence parmi les scientifiques ne répond donc pas à une exigence cosmétique de diversité mais à une problématique épistémologique fondamentale, et ce dans toutes les disciplines scientifiques.

Nous refusons donc un discours qui sous couvert de scientificité et d'universalité est en fait celui de privilégié·es qui voient dans la montée d'autres formes de problématisation du social une menace pour leur position scientifique et académique, et ce dans un contexte où la Loi de Programmation de la Recherche (LPR) du 24 décembre 2020 vient aggraver la destruction méthodique de l'université et de la recherche publiques. En dépit d'un discours affichant une volonté d'autonomisation des universités publiques, cette loi confirme en effet la volonté de mettre les enseignant·es-chercheur·euse·s et les chercheur·euse·s sous une double tutelle, économique par la précarisation accrue des statuts et intellectuelle par les attaques contre l'autonomie scientifique de la recherche.

Expériences et savoirs minoritaires : pour une politique de la présence

Dans le contexte actuel d'une campagne aux relents maccarthystes, l'idée selon laquelle les chercheurs et chercheuses travaillant sur la race ou le genre, mobilisant une démarche intersectionnelle ou adoptant une perspective décoloniale détiendraient la majorité des postes et occuperaient de ce fait une place hégémonique au sein de l'université circule. C'était déjà l'idée principale de l'appel lancé le 11 novembre 2018 dans *Le Point* par 80 intellectuels[55]. Cette tribune ne mentionnait pas l'intersectionnalité, mais sa focalisation sur la question raciale annonçait les polémiques portées actuellement par une anxiété identitaire contre l'intersectionnalité et plus largement la prétendue infiltration « islamo-gauchiste » au sein de l'université. Dans un article publié le 8 février 2021 dans *Mediapart*, la journaliste Lucie Delaporte montre, chiffres à l'appui, la place marginale que ces champs de recherche occupent aujourd'hui dans l'université, ce qui se traduit aussi dans le nombre de publications restreint sur ces sujets[56].

Bien trop souvent encore, les travaux sur l'intersectionnalité, la race et le genre sont accueillis avec suspicion ou méfiance. Et il n'est pas

55 https://www.lepoint.fr/politique/le-decolonialisme-une-strategie-hegemonique-l-appel-de-80-intellectuels-28-11-2018-2275104_20.php.
56 https://www.mediapart.fr/journal/france/080221/en-france-les-recherches-sur-la-question-raciale-restent-marginales et Abdellali Hajjat, « La fin de l'analyse de classe ? », *Carnet de recherche racismes*, 10/09/2020, http://Racismes.hypotheses.org/45.

rare quand on mobilise ce type d'analyse de s'entendre dire qu'on plaque sur la France des analyses qui vaudraient uniquement pour les États-Unis[57], comme si la circulation des idées ne faisait pas le savoir, que la réflexion sur les conditions d'importation de notions élaborées dans d'autres contextes ne faisait partie prenante du travail d'élaboration conceptuelle menée par les chercheuses et chercheurs, enfin comme si certaines notions comme celles de racialisation n'avaient pas d'abord été forgées par des auteurs français, en l'occurrence Frantz Fanon, pour être ensuite reprises par des sociologues anglophones, et en l'espèce britanniques, avant de revenir dans les travaux de sciences sociales français... qui influencent à leur tour la discussion académique internationale sur cette question[58]. Il est bien sûr capital de continuer à travailler sur les classes populaires, mais il est grand temps de prendre acte que les recherches qui renouvellent ce champ sont celles qui intègrent notamment le genre, la sexualité et la race à leur

57 Argument déjà avancé par Pierre Bourdieu et Loïc Wacquant, à propos de la comparaison États-Unis/Brésil. Si les deux auteurs ne nient pas l'importance d'étudier « l'ordre ethnoracial » de chaque société, ils laissent entendre que la violence qui caractérise les rapports raciaux américains est spécifique – et constitue les États-Unis en véritable contre-modèle – et que l'ordre « ethnoracial » d'autres sociétés implique des rapports plus pacifiés. Voir « Sur les ruses de la raison impérialiste », *Actes de la recherche en sciences sociales*, n° 121-122, mars 1998, p. 109-118.
58 Voir Mathilde Cohen et Sarah Mazouz, « A White Republic? Studying Whites and Whiteness in France », *French Politics, Culture and Society*, à paraître en 2021.

analyse et examinent les modes d'imbrication de ces principes sociaux de hiérarchisation[59].

Nous pensons donc au contraire que l'université française manque encore cruellement de postes portant sur les questions minoritaires et qu'elle est encore malheureusement beaucoup trop monochrome. Ces attaques répétées qui font de l'approche intersectionnelle la source de tous les problèmes scientifiques et politiques actuels sont une façon pour des chercheurs et des chercheuses qui occupent une position établie au sein de l'institution universitaire de camoufler leur propre responsabilité dans la double faillite que nous connaissons actuellement en France : celle d'une incapacité à penser les questions minoritaires autrement que sous l'anathème du communautarisme et celle d'un refus de soutenir au sein de l'université une politique de la présence pour les membres de groupes minorisés aux expériences porteuses de perspectives intellectuelles dont le débat actuel a fort besoin.

59 En France, on peut mentionner entre autres : Sarah Fila-Bakabadio et Giulia Bonacci, *Musiques populaires. Usages sociaux et appartenance*, Paris, EHESS, 2003 ; Isabelle Clair, *Le Genre et l'Amour dans les cités*, Paris, Armand Collin, 2008 ; Caroline Ibos, *Qui gardera nos enfants ? Les nounous et les mères. Une enquête*, Paris, Flammarion 2012 ; ou encore Julien Talpin, Julien O'Miel et Frank Frégosi (dir.), *L'Islam et les cités. L'engagement musulman dans les quartiers populaires*, Lille, Presses universitaires du Septentrion, 2017 ; ainsi que l'ouvrage de Julien Talpin *et al.*, *L'Épreuve de la discrimination. Enquête dans les quartiers populaires*, Paris, PUF, 2021.

Si l'on souhaite sortir de ces discussions stériles, il est donc grand temps de chiffrer la réalité pour voir dans quelle proportion les membres des groupes soumis à des assignations raciales accèdent à des postes de titulaires par exemple. Et cela vaut bien sûr au-delà de l'université : avant d'asséner l'insignifiance de la race dans la société française peut-être faudrait-il se donner les moyens de la mesurer. Or le peu de recherches existantes ayant pour objectif de mesurer les discriminations et les inégalités raciales nous informent en fait du contraire : ces inégalités existent et sont systémiques[60]. Nous pensons qu'il est également urgent de lancer une politique de recrutement active dans l'université visant à corriger ces inégalités et à promouvoir les questions minoritaires et les outils théoriques nés à la confluence des expériences politiques et de la recherche. Cela permettrait sans doute, comme on le voit avec l'institutionnalisation relative des études de genre, de donner toute sa place à un geste intellectuel – celui d'être capable de mettre en perspective sa propre expérience à l'aune de celles que d'autres font – et à une posture réflexive, qui amène à interroger la position de pouvoir que l'on est susceptible d'occuper.

60 Voir, entre autres, Beauchemin, Hamel et Simon (dir.), *Trajectoires et origines*, *op. cit.*, et Talpin *et al.*, *L'Épreuve de la discrimination*, *op. cit.*.

En d'autres termes, plutôt que de rejeter l'intersectionnalité, c'est bien son pouvoir de remise en cause et sa capacité à pointer les aveuglements majoritaires qu'il faut défendre et affirmer à l'heure qu'il est, pour mieux regarder en face les apories du monde académique français et montrer qui ses mécanismes de recrutement et de promotion continuent de privilégier et quelles formes d'inégalités ils reconduisent encore. On peut ainsi s'inspirer de l'analyse réflexive de Patricia Hill Collins, sociologue, ancienne présidente de l'Association américaine de sociologie et féministe africaine-américaine. Se situant dans la perspective intersectionnelle qu'elle a elle-même largement contribué à forger, elle rappelle en effet que sa capacité, en tant que chercheuse, à analyser la condition des femmes noires aux États-Unis dépendait fortement de ses propres conditions historiques d'existence. Elle explique comment son positionnement personnel et politique comme afro-féministe lui a permis de théoriser les expériences hétérogènes faites par ces femmes. Dans un regard réflexif sur sa position académique, Hill Collins revient sur les deux éléments qui ont rendu son travail possible au tournant des années 1980-1990 : le développement des mouvements afro-féministes depuis les années 1960 dans l'espace politique contestataire états-unien, et l'institutionnalisation dans les années 1980 de départements

et de programmes d'études africaines-américaines, d'abord dans les universités historiquement noires (*Black Colleges*) puis dans de nombreuses autres universités aux États-Unis[61].

Qui nos institutions académiques accueillent-elles et *quels savoirs* valorisent-elles et font-elles éclore sont donc des questions indissociables. Et ce n'est qu'en tentant d'y répondre et en donnant toute sa place à des travaux potentiellement porteurs de transformation sociale pour les groupes marginalisés que l'enseignement supérieur et la recherche pourront continuer de jouer un rôle politique et social en France, car ils produiront une recherche scientifique qui renouvelle notre compréhension du monde social et le donne à voir dans sa complexité.

61 Patricia Hill Collins, « Looking Back, Moving Ahead: Scholarship in Service to Social Justice », *Gender & Society*, n° 26, 2012, p. 14-22.

Pour un universalisme concret

L'intersectionnalité n'est ni une formule magique ni une incantation répétée par les adeptes d'une secte. C'est un concept de sciences sociales. Sa pertinence dépend de la rigueur méthodologique et théorique avec laquelle on l'utilise dans une recherche donnée. L'intersectionnalité ne prétend pas proposer une « théorie » du social, il faut le rappeler[62]. Elle répond cependant à une exigence, celle de « poser l'autre question » selon la formule de Matsuda, de questionner ses propres points aveugles dans l'analyse, de rendre compte de la façon dont les rapports sociaux sont constitutifs les uns des autres et non pas indépendants.

Les attaques contre l'intersectionnalité mettent en lumière l'urgence qu'il y a à diversifier encore plus l'université et à la décoloniser. Plus largement, on ne peut que constater qu'il devient pressant de « provincialiser l'Europe », comme Dipesh Chakrabarty le proposait déjà il y a vingt ans[63]. Loin d'être des projets menaçants, ces entreprises intellectuelles tentent de saisir le monde tel qu'il est réellement, sans les œillères idéologiques léguées entre autres par les entreprises coloniales. Elles ne visent pas à mettre à bas les Lumières et leur héritage, mais bien à éclairer leur part d'ombre justement en

62 Voir Cho, Crenshaw et McCall, « Toward a Field of Intersectionality Studies… », art. cité.

63 Dipesh Chakrabarty, *Provincializing Europe. Postcolonial Thought and Historical Difference*, Princeton, Princeton University Press, 2000.

appliquant à cette période et son legs les outils critiques qui y ont été développés. Il s'agit en ce sens d'historiciser et de contextualiser les apports du XVIIIe siècle européen pour montrer par exemple comment ils ont pu entretenir des liens avec l'esclavage et la déshumanisation des Noirs, avec l'exclusion des femmes des droits libéraux et avec l'oppression coloniale et, ainsi, ne sont pas parvenus à imposer un modèle politique complètement égalitaire et réellement inclusif.

Le rôle des sciences sociales et d'un concept tel que l'intersectionnalité n'est pas non plus de nous dire que « tout va pour le mieux dans le meilleur des mondes ». Au contraire, les sciences sociales – et c'est ce qui explique qu'elles fassent l'objet de tant d'attaques aujourd'hui dans plusieurs pays – nous invitent à faire l'inventaire de notre héritage intellectuel pour réfléchir à la façon dont nos savoirs ont pu conforter l'ordre établi. C'est seulement à cette condition que nous pourrons le remettre en cause et poursuivre l'objectif de réaliser une société plus juste. C'est également pour cette raison que les sciences sociales sont par définition contre-hégémoniques et critiques.

Qui peut aujourd'hui nier que les savoirs produits par exemple par les recherches féministes sont utiles socialement ? À l'heure de #MeToo, de la lutte contre les violences faites aux femmes, des politiques d'égalité et de la lutte contre les

inégalités salariales, comment ne pas voir que ces transformations sociales, demandées par les groupes qu'elles concernent, n'auraient pas pu exister sans les études de genre qui ont fourni l'outillage conceptuel, les chiffres et les mots pour décrire ce qui n'était même pas considéré comme des problèmes sociaux ? Bien sûr, on peut être opposé·e à ces changements sociaux, mais il serait difficile de prétendre qu'ils vont à l'encontre de la démocratie ou qu'ils sont une menace pour elle, pour les libertés ou l'égalité, bref les valeurs qui fondent notre communauté politique. Or le concept de genre et les études féministes ont subi les mêmes attaques que l'intersectionnalité et les études critiques de la race. On a critiqué leur positionnement militant, on a critiqué la pertinence de leur objet et leurs méthodes, on a minimisé leurs enjeux théoriques et accusé leurs approches d'être identitaires et particularistes. Mais les transformations sociales portées par les nouvelles mobilisations féministes donnent aujourd'hui raison à ces savoirs insurgés et ont besoin d'eux.

En prise avec les mouvements sociaux contemporains et leurs demandes de justice sociale, l'intersectionnalité possède un souffle critique à même d'animer les sciences sociales. À rebours d'une sociologie d'expertise surspécialisée et courant le risque d'être socialement hors sujet, l'intersectionnalité donne à voir et

à comprendre des expériences de marginalisation et d'oppression en permettant d'analyser comment les forces qui structurent nos sociétés de façon hiérarchique – capitalisme, patriarcat, hétéronationalisme, xénophobie – s'imbriquent et se renforcent mutuellement. Née dans le chaudron des luttes sociales, l'intersectionnalité nourrit la démarche contre-hégémonique des sciences sociales.

Ce potentiel de renouvellement et de critique est également à l'œuvre dans des mouvements sociaux longtemps affligés en France de cécité universaliste comme le mouvement féministe[64]. Aujourd'hui, le terme permet ainsi d'analyser les rapports de pouvoir et de privilège au sein des mouvements progressistes, posant ainsi les conditions d'alliances possibles et plus pérennes. Nous le voyons dans le mouvement antiraciste. En décembre 2018, le Comité Vérité et Justice pour Adama a défilé aux côtés des cheminots de SUD-Rail pendant les manifestations de Gilets jaunes. En septembre 2019, il a rejoint les jeunes de Youth for Climate. Un mois plus tard, ses militant·es étaient aux côtés d'Extinction Rebellion pour occuper un centre commercial ou apporter leur soutien au Collectif contre l'enfouissement des déchets nucléaires de Bure (Meuse). De même,

64 Éléonore Lépinard, *Feminist Trouble. Intersectional Politics in Post-Secular Times*, New York, Oxford University Press, 2020.

le 18 juillet 2020, la marche commémorant la mort d'Adama Traoré a été organisée avec Génération Climat. En arborant le slogan « on veut respirer », il s'agissait alors d'articuler les enjeux soulevés par les violences policières et ceux posés par la crise environnementale, en donnant aux dernières paroles d'Adama Traoré ou de George Floyd, « je ne peux plus respirer », une portée encore plus large.

L'intersectionnalité permet donc de construire du commun sans avoir à passer par une abstraction des différences. Elle invite à produire un universalisme concret, *incarné* dans les différences et les histoires spécifiques de celles et ceux qui forment le corps politique. Cette perspective permet la constitution de coalitions politiques, non sans les difficultés propres à toute mobilisation collective. Au niveau collectif, l'intersectionnalité politise les différences, parce qu'elle fait de la réflexion sur les logiques de production des discriminations et de la lutte contre ce type spécifique d'inégalité les vecteurs d'une action qui vise à rendre plus effective la norme d'égalité. Quant au niveau individuel, l'intersectionnalité inscrit dans la façon même de se concevoir comme sujet politique une exigence de penser aux privilèges dont chacun·e bénéficie, en se posant également à soi-même « l'autre question » pour reconnaître ainsi ses propres points aveugles.

En d'autres termes, loin d'être l'instrument d'un relativisme mou comme aiment à le croire ses détracteurs·trices, l'intersectionnalité offre un modèle politique concurrent de l'universalisme abstrait en ce qu'elle appelle à produire concrètement de l'égalité à partir de la prise en compte des positions spécifiques des un·es et des autres et des types particuliers d'oppression auxquelles les un·es et les autres sont soumis·es. En ce sens, plutôt que de nous laisser croire que nous réalisons déjà un universel qui nous met en droit d'assigner celles et ceux qui nous paraissent autres à des identités stéréotypées et essentialisantes, elle nous invite plutôt à constamment nous demander si nos actions, nos postures et nos discours parviennent à satisfaire pour soi et pour les autres une exigence d'universalisme concret.

Les indispensables

Fatima Ait Ben Lmadani et Nasima Moujoud, « Peut-on faire de l'intersectionnalité sans les ex-colonisé·es ? », *Mouvements*, n° 72, 2012, p. 11-21.

Angela Davis, *Femme, race et classe*, Paris, Éditions des Femmes, [1983] 2007.

Elsa Dorlin (dir.) *Black Feminism. Anthologie du féminisme africain-américain 1975-2000,* Paris, L'Harmattan, 2008.

Farinaz Fassa, Éléonore Lépinard et Marta Roca i Escoda (dir.), *L'Intersectionnalité. Enjeux théoriques et politiques*, Paris, La Dispute, 2016.

Éric Fassin (dir.), « Les langages de l'intersectionnalité », *Raisons politiques*, n° 58, 2015.

Dominique Fougeyrollas-Schwebel, Éléonore Lépinard et Eleni Varikas (dir.) « Féminisme(s) : Penser la pluralité », *Cahiers du genre*, n° 39, 2005, dans lequel on trouve l'article de Kimberlé W. Crenshaw, « Cartographie des marges : intersectionnalité, politique de l'identité et violence contre les femmes de couleur ».

Frantz Fanon, *Peau noire, masques blancs*, Paris, Seuil, 1952.

Artemisa Flores Espínola « Subjectivité et connaissance : réflexions sur les épistémologies du point de vue », *Les Cahiers du genre*, n° 53, 2012, p. 99-120.

Sarah Fenstermaker, « "Faire" la différence », *Terrains et Travaux*, n° 10, 2006, p. 103-136.

Kaoutar Harchi, « "Checker les privilèges" ou renverser l'ordre », *Ballast*, 15 juin 2020 (https://www.revue-ballast.fr/checker-les-privileges-ou-renverser-lordre/).

Silyane Larcher et Abdellali Hajjat (dir.), « Intersectionnalité », *Mouvements*, 2019, (https://mouvements.info/category/intersectionnalite/).

Grace Ly, Sarah Mazouz, Danièle Obono, « Pourquoi l'intersectionnalité fait-elle si peur ? », *La Déferlante*, n° 3, septembre 2020.

Mame-Fatou Niang, *Identités françaises. Banlieues, féminités et universalisme*, Leiden, Brill, 2019.

Biographie des autrices

Éléonore Lépinard est sociologue, professeure en études de genre à l'Université de Lausanne. Ses travaux portent sur les mouvements et les théories féministes, l'intersectionnalité, le genre et le droit. Dans son ouvrage *Feminist Trouble, Intersectionality Politics in Post-Secular Times* (Oxford, 2020), elle analyse comment l'intersectionnalité liée à la race et à la racialisation de l'islam transforme les mouvements féministes en France et au Québec. Elle interroge les résistances d'une partie des féministes à l'intersectionnalité à travers le concept de blanchité féministe, approfondissant par là même l'analyse des ressorts sociaux et moraux du fémonationalisme contemporain. Ce regard critique sur les divisions et le futur du féminisme ouvre à une reconceptualisation théorique et politique du sujet féministe à partir de la notion de responsabilité éthique féministe. Elle a également codirigé plusieurs ouvrages, *Genre et islamophobie* (ENS éditions, 2021, avec O. Sarrasin et L. Gianettoni), *Intersectionality in Feminist and Queer Movements* (Routledge, 2020, avec E. Evans), *L'Intersectionnalité. Enjeux théoriques et politiques* (avec F. Fassa et M. Roca i Escoda, La Dispute, 2016) ; et elle est l'autrice, avec Marylène Lieber, de *Les Théories en études de genre* (« Repères », La Découverte, 2020).

Sarah Mazouz est sociologue, chargée de recherches au CNRS (Ceraps) et membre de l'Institut Convergences Migrations. Ses travaux s'appuient sur des enquêtes ethnographiques et mobilisent les *critical race studies*, la sociologie du droit, la sociologie des politiques publiques et l'anthropologie critique de la morale. Elle est l'autrice de *Race* (« Le mot est faible », Anamosa, 2020). Dans *La République et ses autres. Politiques de l'altérité dans la France des années 2000* (ENS Éditions, 2017), elle montre comment s'articulent dans l'espace social immigration, nation et racialisation. En étudiant les résistances opposées à la mise en œuvre d'une politique publique de lutte contre les discriminations raciales et les pratiques de naturalisation, où s'affirme le plus souvent une conception univoque de l'appartenance à la nation, elle interroge l'économie des relations entre identité, égalité et citoyenneté dans le contexte républicain. Elle a coordonné avec Véronique Bontemps et Chowra Makaremi l'ouvrage *Entre accueil et rejet. Ce que les villes font aux migrants* (Le Passager clandestin, 2018) et a participé à deux ouvrages en collaboration *Juger, réprimer, accompagner. Essai sur la morale de l'État* (Seuil, 2013) et *At the Heart of State. The Moral World of Institutions* (Pluto Press, 2015).

Table des matières

Direction éditoriale
Chloé Pathé

Direction artistique
Monika Jakopetrevska

Imprimé sur les presses de l'imprimerie Corlet,
à Condé-en-Normandie, pour le compte des éditions
Anamosa, 12, rue de Cotte, 75012 Paris.
www.anamosa.fr
1re impression : mars 2021 ; 2e impression : juillet 2021.

Dépôt légal : mai 2021
ISBN : 978-2-38191-026-0